Hasso Hofmann
Neuere Entwicklungen in der Rechtsphilosophie

Schriftenreihe
der
Juristischen Gesellschaft zu Berlin

Heft 145

1996

Walter de Gruyter · Berlin · New York

Neuere Entwicklungen in der Rechtsphilosophie

Von
Hasso Hofmann

Vortrag
gehalten vor der
Juristischen Gesellschaft zu Berlin
am 13. Dezember 1995

W
DE
G

1996
Walter de Gruyter · Berlin · New York

Dr. iur. utr. Hasso Hofmann,
Universitätsprofessor an der Humboldt-Universität zu Berlin

⊗ Gedruckt auf säurefreiem Papier,
das die US-ANSI-Norm über Haltbarkeit erfüllt.

Die Deutsche Bibliothek – CIP-Einheitsaufnahme

Hofmann, Hasso:
Neuere Entwicklungen in der Rechtsphilosophie : Vortrag
gehalten vor der Juristischen Gesellschaft zu Berlin am 13.
Dezember 1995 / von Hasso Hofmann. – Berlin ; New York : de
Gruyter, 1996
   (Schriftenreihe der Juristischen Gesellschaft zu Berlin ; H. 145)
   ISBN 3-11-015232-0
NE: Juristische Gesellschaft <Berlin>: Schriftenreihe der Juristischen
   ...

Printed in Germany
Satz und Druck: Saladruck, Berlin
Buchbinderische Verarbeitung: Dieter Mikolai, Berlin

Lassen Sie mich, wie das einem Juristen allemal wohl ansteht, zur Einstimmung mit einem kleinen Fall beginnen.

Ein Staatswesen ist erschüttert und in Verwirrung. Es hat Unglück und Not gegeben und am Ende einen Riesenskandal. Der alte König mußte schleunigst abtreten. Nun sollten seine Söhne, E und P, im jährlichen Wechsel regieren. Als E nicht turnusgemäß wich, griff P mit Hilfe einer ausländischen Interventionsmacht die Stadt an, um den Thron gewaltsam zu erobern. In der Schlacht erschlugen E und P sich gegenseitig. Jetzt steht das Thronerbe – das ist unstreitig – einem Onkel der beiden zu. Dieser neue König – nennen wir ihn K – muß Ordnung und Stabilität der Verhältnisse wiederherstellen und als erstes für die Bestattung der Gefallenen sorgen. So läßt er E, den Verteidiger des Vaterlandes, feierlich beisetzen. Der Leichnam des Landesverräters P hingegen darf nach seiner Anordnung nicht begraben werden. Er soll den Vögeln zum Fraß dienen. Das ist außerordentlich hart. Denn nach der Anschauung des Landes wird der Seele des Toten damit der Zugang zum Totenreich verwehrt. Dagegen empört sich eine Schwester der Toten – nennen wir sie A. Sie begräbt den P, bekennt sich demonstrativ, ja provokativ zu ihrer Tat und wird von K deswegen zum Tode verurteilt. – Mit Recht?

Nun, Sie alle kennen die große, vor über 2400 Jahren entstandene Tragödie „Antigone" des Sophokles. Und Sie wissen, wie man die gestellte Frage gemeinhin zu beantworten pflegt: Danach war das Urteil des Kreon ein Akt der Tyrannei gegen den Aufstand des Gewissens. In dieser Form eignet sich die Geschichte dann als Exempel etwa für Gedenkreden zum 20. Juli. Gerne werden in diesem Sinne jene Verse zitiert, mit denen Antigone auf die fassungslos-ingrimmige Frage Kreons – „Und wagtest, mein Gesetz zu übertreten?" – antwortet[1]:

„Der das verkündete, war ja nicht Zeus,
Auch Dike in der Totengötter Rat
Gab solch Gesetz den Menschen nie. So groß
Schien dein Befehl mir nicht, der sterbliche,
Daß er die ungeschriebnen Gottgebote,
Die wandellosen, konnte übertreffen.
Sie stammen nicht von heute oder gestern,
Sie leben immer, keiner weiß, seit wann.
An ihnen wollt' ich nicht, weil Menschenstolz
Mich schreckte, schuldig werden vor den Göttern."

---

[1] In der Übers. v. W. *Kuchenmüller*, Reclam-Ausg., 1955.

Aber mag auch schon Aristoteles diesen Text im Sinne des Gegensatzes von positivem Recht und Naturrecht interpretiert haben: ganz so einfach liegt die Sache nicht. Wie komplex sie in Wahrheit ist, hat niemand eindrucksvoller herausgearbeitet als Hegel. Immer wieder kommt er auf dieses – wie er sagt – „absolute Exempel der Tragödie"[2] zurück. Nach Hegel verkörpert nicht nur Antigone, sondern auch Kreon eine sittliche Macht. Tatsächlich handelt dieser, wenn er sich später auch starrsinnig verrennt, nicht von Anfang an tyrannisch. Vielmehr hat er zunächst einsehbare Gründe: Nach beispiellosen Erschütterungen müssen die Verhältnisse geklärt und stabilisiert, muß die Autorität der Königsherrschaft gefestigt, den Untertanen wieder Sicherheit der Orientierung vermittelt werden. Andererseits hat Antigone nicht schlechthin das göttliche Recht für sich. Nur die unteren, die Totengötter sind es, die sie beschwört, nicht die olympischen. Das eben macht den Abgrund der Tragödie aus, daß beide Figuren in ihrem je eigenen, sie bis zu einem gewissen Grade rechtfertigenden Kontext agieren. Bei Kreon sind die Konnotationen: Männlichkeit, Tat, Staat, Herrschaft, Hierarchie, Gesetz, Klarheit, Bestimmtheit, Offenheit und Tag; bei Antigone: Weiblichkeit, Sein und Fühlen, Familie, Geschwisterlichkeit, Sitte, Dienst, Kult, Heil, Erde, Totenreich und Dunkelheit. Den Frauen vor allem obliegt es, den Totenkult zu üben und die Toten wieder im Schoß der Erde zu bergen. Nach Hegels von Sophokles inspirierter Geschlechterphilosophie ist diese Pflicht der Schwester dem Bruder gegenüber sogar – wie er sagt – „die höchste", weil der Tod des Bruders nach dem Verlust der Eltern wegen „Gleichgewichts des Blutes und begierdeloser Beziehung" für die Schwester „unersetzlich" sei[3].

An dieser Stelle könnte der Vortrag unversehens eine vielleicht unerwartete Wendung nehmen zu der zweifellos neuesten aller neueren Entwicklungen, nämlich hin zur feministischen Rechtstheorie, die an der Humboldt-Universität ja eine Heimstadt bekommen soll. Aber keine Angst! Es ist nicht die feministische Rechtstheorie, auf die meine Einleitung abzielt. Sie soll zum einen lediglich ins Bewußtsein rücken, daß die Rechtsphilosophie älter ist als die Rechtswissenschaft, älter als die römische Jurisprudenz und erst recht viel älter als unsere Rechtswissenschaft, die sich erst seit etwa 900 Jahren von Bologna aus entwickelt und in einer ersten europäischen Revolution als relativ selbständige, moderierende geistige Kraft zwischen Kirche und Reich, zwischen Politik und Religion geschoben hat[4]. Solche Zeit-

---

[2] *G. W. F. Hegel,* Vorlesungen über die Philosophie der Religion, in: Werke, stw, Bd. 17, S. 133. Zum folg. *ders.,* Grundlinien der Philosophie des Rechts, § 166, ebd. Bd. 7, S. 319; Vorlesungen über die Ästhetik, ebd. Bd. 14, S. 60, u. Bd. 15, S. 549 f.
[3] Phänomenologie des Geistes, in: Werke, stw, Bd. 3, S. 338.
[4] Dazu mit Nachw. *H. Hofmann,* Geschichtlichkeit und Universalitätsanspruch des Rechtsstaats, in: Der Staat 34 (1995), S. 1 (7 ff.).

dimensionen relativieren das Prädikat des Neuen. Das ist das eine. Zum anderen lag mir daran, in einer möglichst konkret-anschaulichen Weise *den* Horizont von Rechtsphilosophie zu umreißen, in dem ich meine Auswahl neuerer Fragestellungen getroffen habe. Erwarten Sie also, bitte, keine Ausführungen über Normentheorie, deontische Logik, Rechtsinformatik oder juristische Argumentationstheorie – so viel Neues und Interessantes es darüber auch zu berichten gäbe. Statt dessen sei hier in vier Abschnitten ein Blick auf die analytische Theorie des Rechts, auf eine neue Prinzipienlehre, ferner auf den sog. Neo-Kontraktualismus und schließlich auf die Diskurstheorie des Rechts geworfen.

I.

Die Rechts- und Staatsphilosophie der frühen Neuzeit stand mehr auf seiten Kreons als auf der Antigones. Zu viel unsägliches Leid hatten die Menschen sich schon damals zur Durchsetzung angeblicher Gottesgebote angetan. So steht am Anfang der neueren Entwicklungen die theoretische Konstruktion einer allgewaltigen Friedensmacht: der berühmt-berüchtigte *Leviathan* des Thomas Hobbes aus der Zeit der englischen Bürgerkriege[5]. Sicherheit vor den Mitmenschen um den Preis schrankenloser staatlicher Macht schien freilich schon damals den wenigsten erstrebenswert. Folglich eignet sich der *Leviathan* des Hobbes heute wie damals vorzüglich als rechtsphilosophischer Kinderschreck. Die epochale Bedeutung dieser Konstruktion liegt allerdings auf einer anderen Ebene, und zwar v. a. in der grundstürzenden Übernahme des seinerzeit revolutionären naturwissenschaftlichen Wissenschaftsideals und der entsprechenden Methode, alle Phänomene in ihre kleinsten Teile zu zerlegen und sie hernach gesetzmäßig zu rekonstruieren. Der zweite zukunftweisende Schritt war die Konzeption der politischen Einheit nicht mehr aufgrund der Annahme einer harmonischen Ordnung der Gesellschaft, in der alle ihren natürlichen Platz haben, sondern auf der Basis eines sozialen Konkurrenz- und Konfliktmodells. Und drittens begreift der Hobbes'sche *Leviathan* das Recht in einer seinerzeit gleichfalls revolutionären Weise nicht mehr als Norm der Natur, der Tradition, des Gewissens, der Vernunft oder einer Vereinbarung der Großen eines Reichs, sondern als Befehl der jeweils höchsten irdischen Autorität.

Hier knüpfte der Begründer der englischen „Analytischen Jurisprudenz" John Austin mit seiner 1863 postum veröffentlichten „Philosophie des

---

[5] *Th. Hobbes*, Leviathan or the matter, form, and power of a commonwealth ecclesiastical and civil, London 1651; lat. Fass. Amsterdam 1668; dt. Übers. v. W. Euchner, 4. Aufl. 1991.

positiven Rechts" an[6]. In enger Anlehnung an Hobbes definierte er das Recht zur strengen Unterscheidung von allen Moralnormen „als den Inbegriff der von einem Souverän an die ihm Untergebenen gerichteten Befehle". Mit dieser sog. Imperativentheorie begründete Austin die bis heute besonders im anglo-amerikanischen Bereich einflußreiche logisch- oder sprachlich-analytische Version des Rechtspositivismus. Unter dem Namen des „Rechtsrealismus" traten später in Skandinavien und den USA soziologische und psychologische Varianten hinzu[7]. Gemeinsam ist allen Zweigen, daß sie das geschriebene wie das ungeschriebene Recht als gegebenen („positiven") Bestandteil der sozialen Wirklichkeit auffassen und nur insofern als Gegenstand wissenschaftlicher Analyse betrachten. Die analytische Rechtstheorie im besonderen nimmt das gegebene Recht als ein sprachliches Bedeutungsgefüge von Begriffen im Kontext der gesellschaftlichen Realität. Über die Analyse der Grundbegriffe oder genauer: über die Analyse ihrer tatsächlichen Verwendung in der Lebenswirklichkeit sollen dabei die gemeinten sozialen Phänomene selbst geklärt werden. Geradezu programmatisch trägt das wichtigste neuere Werk der analytischen Theorie denn auch den Titel *The Concept of Law:* „Der Begriff des Rechts".

Dieses englisch 1961 und deutsch 1973 erschienene Werk des erst kürzlich verstorbenen Oxforder Juristen und Philosophen Herbert Lionel A. Hart (1907–1992) erklärt oder definiert den Rechtsbegriff also nicht, sondern beschreibt, wie er im gewöhnlichen Sprachgebrauch tatsächlich verwendet wird, um sodann die unausgesprochenen Voraussetzungen solchen Sprechens zu analysieren. Hart kommt auf diesem Wege allerdings zu einer eindringlichen Kritik der Imperativentheorie des Stammvaters Austin (S. 34 ff.). In der Tat wird man zugeben müssen, daß beispielsweise die Kompetenz- und Verfahrensvorschriften unserer Verfassung schwerlich als Befehle gedacht werden können, daß die Imperativentheorie die Bindung der Rechtssetzer an ihre eigenen Gesetze nicht zu begründen vermag und daß die Vorstellung eines befehlshabenden Souveräns nicht recht in die parlamentarische Demokratie einer offenen pluralistischen Gesellschaft paßt. Hart meint demgegenüber, daß in der sozialen Realität unter Recht eine *Regel* verstanden werde. Diese scheinbar einfache These findet in zwei Schritten eine reiche Entfaltung.

Zunächst wird der Bedeutungsunterschied von innerer Verbindlichkeit oder Nötigung (*being obliged:* „etwas tun müssen") und objektiver Ver-

---

[6] *J. Austin,* Lectures on Jurisprudence or the Philosophy of Positive Law, 5. Ed. v. R. Campbell, 2 Bde., Nachdruck London 1929/31, S. 88 ff. Dazu *W. Löwenhaupt,* Politischer Utilitarismus und bürgerliches Rechtsdenken, 1972.

[7] Dazu *J. Bjarup,* Skandinavischer Realismus, 1978; *H. Geddert,* Der amerikanische Rechtsrealismus, in: JuS 19 (1979), S. 394 ff.; ferner die einschlägigen Beiträge in: *E. Kamenka u. a.* (Hg.), Soziologische Jurisprudenz und realistische Theorien des Rechts, Rechtstheorie Beiheft 9, 1986, S. 243 ff.

pflichtung *(having an obligation)* analysiert (S. 119 ff.). Erster Kernpunkt der Theorie ist die These, daß die Aussage, jemand habe eine Verpflichtung, ihren Sinn aus einer im Hintergrund stehenden sozialen Regel beziehe, die ein gewisses Verhalten zum Standard erklärt, daß der Sinn dieser Aussage aber ganz unabhängig davon sei, ob der Verpflichtete sich innerlich entsprechend genötigt fühlt – sei es durch äußere Drohungen oder durch internalisierte Gebote einer Individualmoral. In der Tat ist es insbesondere für den Bestand dessen, was wir eine rechtliche Verpflichtung nennen, völlig gleichgültig, ob der Verpflichtete sie bejaht oder verneint, ja, ob er sie überhaupt kennt. Die zur Begründung einer Verpflichtung tauglichen sozialen Regeln weisen nach Hart vier Merkmale auf:

1. Ernsthafter sozialer Konformitätsdruck auf Einhaltung;
2. Überzeugung von der sozialen (Lebens)Wichtigkeit der Regel;
3. Anerkannte Möglichkeit, ja Wahrscheinlichkeit des Widerspruchs zu individuellen Wünschen und Interessen, also Vorstellung von Verzicht und Opfer.

Der vierte Punkt ist etwas komplizierter: Um in einem normativen, also vorschreibenden Sinn von einer Regel sprechen zu können, müssen wenigstens einige der Gruppenmitglieder gegenüber jener sozialen Gewohnheit eine kritisch reflektive Einstellung zeigen. Damit ist bewußte Anerkennung und Bestärkung eines Verhaltens als eines maßgeblichen Standards gemeint, dessen Wahrung kritisch überwacht und dessen Mißachtung bekämpft werden muß.

Sodann unterscheidet Hart in einem nächsten Schritt zwei Typen von Regeln (S. 115 ff., 131 ff.). Diese Ausdifferenzierung ist gleichbedeutend mit der zwangsläufigen Herausbildung eines Rechtssystems aus der tradierten objektiven Sittlichkeit einer Gesellschaft. Solche Verhaltensregeln der Sitte leiden nämlich an einer gewissen Unbestimmtheit, zudem an Starrheit und auch an Unsicherheit des diffusen sozialen Konformitätsdrucks. Heilmittel ist die Einführung von „Erkenntnisregeln" zur sicheren Bestimmung der jeweils maßgeblichen Verhaltensstandards, von „Änderungsregeln" (soll heißen: öffentlichen und privaten Befugnisnormen zur Flexibilisierung jener Standards) und von „Entscheidungsregeln", welche die sozialen Sanktionen zentralisieren und formalisieren. In der Kombination der beiden von ihm angeführten Arten von Regeln liegt nach Hart „das Herz eines jeden Rechtssystems" und der „Schlüssel" der Rechtswissenschaft. Im Gegensatz zu allen individualistischen Anerkennungs- und Konsenstheorien leitet Hart seinen Rechtsbegriff also aus der vorgegebenen Sittlichkeit einer Gesellschaft ab, sowohl genetisch wie funktionell, nämlich aus der Aufgabe, das Überleben der Gruppe zu organisieren. Deswegen kann er dann auch – trotz seiner analytisch-kritischen Ablehnung der klassischen Naturrechtstradition und seiner positivistischen Trennung von Recht und Moral – so etwas wie einen „naturrechtlichen" Minimalgehalt aller Rechtsordnungen bestimmen (S. 131 ff., 231 ff., 266 ff.). Er ergibt sich daraus, daß sie in ihrem Kern allemal Notordnungen des Überlebens sind. Aus den einfachen Tatsachen „menschlicher Verletzbarkeit", „approximativer Gleichheit" der Menschen, ihres „begrenzten Altruismus", der „begrenzten Mittel" zu ihrem Unterhalt und schließlich ihren moralischen Schwächen sieht der Autor zwangsläufig Regeln über den Schutz der Person, über eine Minimalform von institutionalisiertem Eigentum, über Verträge und andere Formen arbeitsteiliger Kooperation sowie über Zwangs-Sanktionen hervorgehen.

Das Originelle an dieser Theorie ist der Versuch, rechtliche Verpflichtungs- oder Geltungskraft systemimmanent zu begründen, d. h. letztlich an den Bestimmungen der Verfassung als obersten Rechtsgeltungskriterien festzumachen – ohne (wie Kelsen in seiner „Reinen Rechtslehre") zu einer normativen Hypothese oder Fiktion über die Geltung der Verfassung Zuflucht zu nehmen[8], noch den logischen Fehler eines Schlusses vom Sein auf Sollen zu begehen. Tragende Gründe dieses Unternehmens sind:

1. Die sprachanalytische Unterscheidung von äußerer Verpflichtung und innerer Nötigung;

2. Die Reduzierung des offenbar doch irgendwie notwendigen Moments innerer Anerkennung der wirksamen Regeln als verpflichtender Rechtsnormen in einer repräsentativen Weise subjektiv auf die Amtsträger des Systems und objektiv auf die sekundären Regeln, während es hinsichtlich der primären (Verhaltens)Regeln genügen soll, daß sie im großen und ganzen einfach befolgt werden;

3. Eine Modifikation der für alle Spielarten des Positivismus typische Trennung von Recht und Moral.

Schon Austin hatte die Meinung, menschliche Gesetze, die den Grundprinzipien der Moral widersprechen, hörten auf, Gesetze zu sein, als „groben Unsinn" *(stark nonsense)* bezeichnet[9]. Nach Austin war Kreon ganz zweifellos im Recht. Anders als die meisten Positivisten operiert Hart mit jener „Trennungsthese" jedoch nicht im Sinne eines schlichten Gegensatzes zwischen den in einem bestimmten formalen Verfahren gesetzten (und sozial wirksamen) Rechtsnormen einerseits und allen anderen, nicht auf dieselbe Weise gesetzten und daher rechtstheoretisch angeblich völlig irrelevanten Normen, Regeln und Grundsätzen einer Gesellschaft auf der anderen Seite. Vielmehr trennt er das Recht nur von all den verschiedenen subjektiven Überzeugungen des Guten und Richtigen, versteht das positive Recht aber andererseits durchaus als bloßen Unter- oder Spezialfall der in

---

[8] Vgl. *H. Kelsen*, Reine Rechtslehre, 2. Aufl. 1960, S. 196 ff.; *ders.*, Allgemeine Theorie der Normen. Aus dem Nachlaß hg. v. K. Ringhofer u. R. Walter, 1979, S. 203 ff.

[9] *Austin* (N 6), Bd. I S. 215.

einer Gesellschaft kollektiv wirksamen und damit objektiven Verhaltensregelmäßigkeiten.

Seine Version der Trennung von Recht und Moral hat Hart übrigens zu einer scharfen Kritik an der sog. Radbruch'schen Formel veranlaßt, die aus gegebenem Anlaß jüngst wieder Urständ gefeiert hat – keine fröhliche freilich[10]. Zur Erinnerung: In einem Aufsatz über „Gesetzliches Unrecht und übergesetzliches Recht" aus dem Jahre 1946 hat der verehrungswürdige Strafrechtler und Rechtsphilosoph Gustav Radbruch folgende These vertreten[11]:

> „Der Konflikt zwischen der Gerechtigkeit und der Rechtssicherheit dürfte dahin zu lösen sein, daß das positive, durch Satzung und Macht gesicherte Recht auch dann den Vorrang hat, wenn es inhaltlich ungerecht und unzweckmäßig ist, es sei denn, daß der Widerspruch des positiven Gesetzes zur Gerechtigkeit ein so unerträgliches Maß erreicht, daß das Gesetz als ‚unrichtiges Recht' der Gerechtigkeit zu weichen hat. ... wo Gerechtigkeit nicht einmal erstrebt wird, wo die Gleichheit, die den Kern der Gerechtigkeit ausmacht, bei der Satzung positiven Rechts bewußt verleugnet wurde, da ist das Gesetz nicht etwa nur ‚unrichtiges Recht', vielmehr entbehrt es überhaupt der Rechtsnatur".

Hart bringt diese „Radbruch'sche Formel" sachlich zutreffend mit einem Urteil des OLG Bamberg von 1949 über einen besonders üblen Fall von Denunziation unter der NS-Herrschaft in Verbindung[12]. Eine Frau, die ihren Ehemann loswerden wollte, hatte ihn wegen abfälliger Bemerkungen über Hitler angezeigt. Der Mann wurde zum Tode verurteilt, dann aber nicht hingerichtet, sondern an die Front geschickt. Das OLG hat die Frau wegen Freiheitsberaubung verurteilt, begangen in mittelbarer Täterschaft mittels der NS-Richter. Hart kritisiert, daß derartige Urteile samt ihrer Rechtfertigung durch Radbruch den Anschein erweckten, als ließen sich alle unsere Werte bruchlos in einem einzigen System unterbringen. Es gebe aber Fälle, „in denen das Leben uns zwingt, von zwei Übeln das geringere zu wählen", und die müsse man mit vollem Bewußtsein „wie Brennesseln anfassen"[13]. Hart benennt für den fraglichen Fall drei Wahlmöglichkeiten zwischen je zwei Übeln: 1. die Frau freizusprechen, damit dem positiven Recht Rechnung zu tragen und Moralprinzipien aufzuopfern; 2. die Frau

---

[10] Nämlich bei der Verurteilung der sog. Mauerschützen durch den BGH seit den Urteilen v. 3. 11. 1992 u. 25. 3. 1993 (BGHSt 39,1/15 f.; 168/183 f.). Gegen die breite Front der Kritiker hat das Gericht seine Verwendung der Formel Radbruchs und damit seine gegen das Rückwirkungsverbot des Art. 103 Abs. 2 GG verstoßende Rspr. jüngst zu verteidigen versucht: BGH Urt. v. 20. 3. 1995, NJW 1995, 2728 (2730 ff.).

[11] Zit. nach der Gesamtausgabe von *Radbruchs* Schriften, hg. v. K. Kaufmann, Bd. 3, 1990, S. 83 (89).

[12] SJZ 1950, 207.

[13] *H. L. A. Hart*, Positivism and the Separation of Law and Morals, in: Harvard Law Review 71 (1958), S. 593 ff.; dt. Übers. v. N. Hoerster in: *H. L. A. Hart*, Recht und Moral, 1971, S. 14 (44).

aufgrund rückwirkender Strafgesetzgebung zu verurteilen, d. h. die Ansprüche der Moral zu befriedigen und den rechtsstaatlichen Grundsatz des Rückwirkungsverbots preiszugeben; 3. das Dilemma zu leugnen und die Redlichkeit aufzuopfern. Hart besteht auf dem Gesichtspunkt, daß man schändlichen Gesetzen die *moralische* Verbindlichkeit – aber auch nur sie – absprechen müsse. Offenbar wünscht er sich eine Gesellschaft, die stark genug ist, die Anwendung oder Ausnutzung solcher Gesetze straffrei zu lassen und zugleich als moralische Verfehlung zu verurteilen, und d. h.: jenes fatale „Gesetz ist Gesetz" nicht als eine Art moralische Rechtfertigung mißzuverstehen oder mißbrauchen zu lassen.

II.

Eine eigentümliche Schwäche der analytischen Rechtstheorie liegt darin, daß sie denjenigen, der rechtliche Entscheidungen zu treffen hat, in allen juristischen Zweifelsfällen allein läßt, weil sie sich die dann unvermeidlichen Wertungen wegen ihres positivistischen Wissenschaftsideals als etwas angeblich bloß Subjektives streng verbietet. Mehr als diesen oder jenen Entscheidungsrahmen gäben die positiven Rechtsregeln eben nicht her, heißt es dann; der Rest sei Sache richterlichen Gutdünkens. Hier setzt Harts bedeutendster Schüler mit seiner Kritik an. Die Rede ist von Ronald Dworkin (Jg. 1931), Professor in Harvard, und seinem – aus mehreren Abhandlungen leider etwas zusammengestückelten – Buch *Taking Rights Seriously* (1978); seit 1984 unter dem Titel „Bürgerrechte ernstgenommen" auch bei uns greifbar[14].

Dworkins zentraler Punkt ist die Situation der Justiz in unserem System unter Rechtsverweigerungsverbot: Der Richter muß – sofern verfahrensrichtig vor ihn gebracht – jeden Streitfall entscheiden, auch wenn das inhaltlich einschlägige positive Recht unklar, unangemessen, bis zum Widerspruch ungereimt oder lückenhaft ist. Und zwar wird ihm auch in dieser Lage ein Akt der Rechtsprechung abverlangt, also weder eine beliebige Ermessensentscheidung freigestellt noch ein bloßes Opportunitätsurteil i. S. des öffentlichen Interesses gestattet. Dworkins Lösung: Der Richter muß voraussetzen, daß sich für jeden Fall eine rechtliche Antwort finden läßt, und er muß dieses Postulat in einer schier übermenschlichen Anstrengung in begrenzter Zeit diskursiv einzulösen suchen. Für diese eine richtige

[14] Die im Text folg. Zitate beziehen sich auf die dt. Ausgabe. – Eine stringentere Ausarbeitung seiner Kohärenztheorie – wonach *legal reasoning is an exercise in constructive interpretation, that our law consists in the best justification of our legal practices as a whole, that it consists in the narrative story that makes of these practices the best they can be* – hat *Dworkin* in seinem Buch *Law's Empire* 1986 (Harvard University Press, Cambridge/Mass.) vorgelegt. Zit. dort S. VII.

rechtliche Antwort hat er, der Modell-Richter Herkules, wie Dworkin ihn nicht von ungefähr nennt, unter größtmöglicher Berücksichtigung aller rechtlichen Determinanten über die positiven Rechtsregeln hinaus auf die bewertungsorientierenden Rechtsgrundsätze als prinzipielle Verteilungsgrundsätze von Rechten und Pflichten zurückzugreifen und diese unter Rückbindung an die fundamentalen Bewertungsmaßstäbe der Gemeinschaft im Kontext aller rechtlichen Regeln, Verfahren, Grundsätzen und anerkannten Lehren fortzuschreiben. Kurz: In schwierigen Rechtsfragen gibt die „von den Gesetzen und Institutionen der Gemeinschaft vorausgesetzte … politische Moral" den Ausschlag (S. 215). Es geht m. a. W. um die durch das Kohärenzkriterium kontrollierte Überführung von sozialem Ethos, von objektiver gesellschaftlicher Sittlichkeit in die Bedeutung von Verfassung und Recht. Rechtstheoretisch reformuliert heißt das, daß jede gegebene Rechtsordnung nicht nur aus Regeln besteht, die im Einzelfall entweder anwendbar oder nicht anwendbar sind, sondern auch Grundsätze oder Prinzipien enthält, die im Einzelfall mehr oder weniger wirksam werden können, also zu optimieren sind. Jene Prinzipien können nach Dworkin auch nicht nach „Erkenntnisregeln" i. S. Harts als gültig ausgewiesen, sondern müssen – entsprechend ihrer „moralischen" Herkunft und Beschaffenheit – rechtsphilosophisch begründet werden (S. 247).

Natürlich hat das alles viel zu tun mit dem angelsächsischen Fall-Recht und seiner exzeptionellen Stellung des Richters, zudem auch mit angloamerikanischer Streit- und Argumentationskultur wie mit dem dortigen Rückstand in der Grundrechtsdogmatik und der Grundrechtsjudikatur. Daß man angesichts jahrzehntelanger Grundrechtsrechtsprechung nicht nur des Bundesverfassungsgerichts, sondern auch der Fachgerichte mit Dworkins programmatischem Titel „Bürgerrechte ernstgenommen" in Deutschland hätte Wirbel machen können, ist eher unwahrscheinlich. Gleichwohl ist Dworkins Theorie auch für die kontinentaleuropäischen Kodifikationssysteme wichtig, hat hier allerdings in der rechtstheoretischen und methodologischen Mobilisierung und Dynamisierung des Systemgedankens seit Walter Wilburgs „Entwicklung eines beweglichen Systems im bürgerlichen Recht" (1951) und Josef Essers „Grundsatz und Norm in der richterlichen Rechtsfortbildung des Privatrechts" (1956, ⁴1990) längst ein gewisses Gegenstück. Heute verdienen in dieser Hinsicht die Arbeiten eines Schülers von Wilburg, des Wiener Privatrechtlers und Rechtstheoretikers Franz Bydlinski (Jg. 1931), Hervorhebung[15]. Man müsse, meint er, „eine merkwürdige Verkehrung des Verhältnisses von Staat und Sozietät durch den Rechtspositivismus korrigieren, um der Tatsache Rechnung zu tragen,

---

[15] *F. Bydlinski,* Juristische Methodenlehre und Rechtsbegriff, 1982, 2. Aufl. 1991; *ders.,* Fundamentale Rechtsgrundsätze, 1988. Das im Text folg. Zit. ist *Bydlinskis* kurzer Zusammenfassung: Recht, Methode und Jurisprudenz, 1987, S. 29, entnommen.

daß der Staat ... nur eine bestimmte Organisation der Sozietät und damit ihr Teil ist". So liege es nahe, „daß seine normative Produktion auch nur einen Teil der in der Sozietät insgesamt wirksamen normativen Ordnung darstellt, für dessen Behandlung als ausschließlich relevant oder schlechthin vorrangig keine Begründung gegeben oder ersichtlich ist". Vielmehr gehörten eben auch „grundlegende rechtsethische Maximen" dazu. In der Praxis der konkreten Fallentscheidung führt der rechtsethische Rekurs allerdings nicht selten zur Notwendigkeit der Abwägung zwischen kollidierenden Prinzipien: Je höher der Grad der Nichterfüllung oder Beeinträchtigung des einen konfligierenden Grundsatzes ist, desto größer muß die Bedeutung der Erfüllung des anderen sein. Bydlinski hat diese Überlegungen in der Theorie des „Beweglichen Systems" integriert. Dessen Grundgedanke ist der, daß eine Rechtsfolgeentscheidung für einen Konfliktfall umso besser begründet ist und umso weiter greift, je mehr Gründe dafür und je weniger Gegengründe auf der anderen Seite dagegen sprechen. Im Unterschied zur alten von Theodor Viehweg erneuerten Tradition topischer Jurisprudenz[16] bleibt diese Theorie am Regelsystem einer kodifizierten Rechtsordnung orientiert, schließt in diesem strukturbildenden Rahmen jedoch von Fall zu Fall alle einschlägigen Präjudizien, Billigkeitserwägungen, Sachgesetzlichkeiten, Folgebewertungen, Rechtssicherheits- und Praktikabilitätsgesichtspunkte, u. U. wie im Technikrecht auch soziale Normbildungen ein. Dabei wird der unmittelbare Rückgriff auf rechtsethische Prinzipien eher selten sein. Viel öfter wird der rechtsethische Rekurs bestimmte vorhandene Regeln i. S. einer positiven „Basiswertung"[17] auszeichnen und deren Verallgemeinerung tragen, also mittelbar wirksam werden. Als Programm rechtswissenschaftlicher Arbeit ist das Bewegliche System indes nicht an die herkulische, divine Richterpersönlichkeit i.S. Dworkins, sondern weit weniger spektakulär an die Zunft der Rechtsdogmatiker in Theorie und Praxis adressiert.

Im Gegensatz zu der im Zivilrecht entwickelten Theorie des Beweglichen Systems bietet Dworkins Prinzipienlehre insofern eine Angriffsfläche, als er seinen Prinzipienbegriff sehr stark auf die grundlegenden, vom Gleichheitsgedanken geforderten subjektiven Rechte des Einzelnen einengt. Schon sein Buchtitel signalisiert das. „Prinzipienargumente", sagt Dworkin, „sind Argumente, die ein individuelles Recht aufstellen sollen" (S. 158); ihr Kern liegt darin, „daß ein Individuum einen Anspruch auf Schutz gegenüber der Mehrheit selbst auf Kosten des allgemeinen Interesses hat" (S. 247): sie geben einen „Trumpf über eine allgemeine utilitaristische Rechtfertigung" politischer Entscheidungen (S. 582). Nicht von unge-

---

[16] Th. Viehweg, Topik und Jurisprudenz, 1. Aufl. 1954; 4. Aufl. 1969.
[17] B. Schilcher, Gesetzgebung und Bewegliches System, in: Das Bewegliche System im geltenden und künftigen Recht, hg. v. F. Bydlinski u.a., 1986, S. 287 ff.

fähr ist Dworkins Lehre in Deutschland daher 1986 von Robert Alexy in einer „Theorie der Grundrechte" rezipiert worden. Da drängt sich die Frage auf, wie sich eine solche dezidiert liberale Rechtsphilosophie dort durchhalten läßt, wo es sich – wie z. B. im Umweltschutz – um existenzielle Gemeinwohlbelange und nicht nur um die „utilitaristische Maximierung von (sc. Mehrheits)Vorlieben" (S. 581) handelt.

Damit berühren wir eine prinzipielle Schwierigkeit aller modernen Rechts- und Staatsphilosophie: Braucht ein auf die Autonomie der Einzelnen gebautes Gemeinwesen letztlich nicht doch irgendeinen Kitt, ein übergeordnetes Gemeinsames, und wo käme dergleichen her? Hobbes hatte das Problem durch die Allgewalt seines *Leviathan* lösen wollen. Im „Gesellschaftsvertrag" des genialischen Rousseau ist der kritische Punkt mit seiner Lehre von der erforderlichen „Bürgerreligion" markiert. Hier rumort ein Problem. Sichtbar wird es bei uns in der immer wieder aufflammenden Grundwertedebatte, in der (freilich kurzlebigen) Grundpflichtendiskussion und jüngst in den Auseinandersetzungen über die Notwendigkeit eines Nationalbewußtseins. In den Vereinigten Staaten hat es in den letzten Jahren eine Reaktion der politischen Theorie gegeben. Dort versuchen die sog. Kommunitaristen – Michael Sandel, Charles Taylor, Alasdair Mac-Intyres, Michael Walzer – in entschiedener Kritik des politischen Liberalismus das Gemeinwesen nach gewissermaßen altaristotelischer Manier wieder vom Ganzen statt von den Einzelnen her zu denken[18]. Dies bedeutet insbesondere die Negation der individualistischen Trennung des Guten und des Gerechten. Denn diese Trennung überläßt ja die Wahl des Guten einem jeden Einzelnen und reduziert die Frage der Gerechtigkeit auf eine richtige Rahmenordnung.

III.

Den Erzvater der liberalen Rechts- und Staatsphilosophie, den Gründer der Theorie des Verfassungsstaates – John Locke – hatten derlei Zweifel freilich noch nicht angefochten[19]. Er verließ sich auf die Bindekraft ökonomischer Kooperation, die immanente Gerechtigkeit des Marktes und das Wachstum des allgemeinen Wohlstandes durch individuelle Nutzenmehrung. Geht das Vertrauen in die automatische Gerechtigkeit des Marktes jedoch verloren, drängt sich – als spezieller Aspekt jenes allgemeinen Problems – eine in der Theorie jahrhundertelang an den Rand geschobene Frage

---

[18] Dazu W. *Kersting*, Liberalismus, Kommunitarismus, Republikanismus, in: Zur Anwendung der Diskursethik in Politik, Recht und Wissenschaft, hg. v. K.-O. Apel u. M. Kettner, 1992, S. 127 ff.; A. *Honneth* (Hg.), Kommunitarismus, 1993.

[19] Siehe *J. Locke*, Zwei Abhandlungen über die Regierung, hg. v. W. Euchner, 4. Aufl. 1989, Buch I. Besonders charakteristisch etwa § 41.

wieder auf: die nach der sozialen Gerechtigkeit. Anders als in Antike und Mittelalter war von Hobbes über Locke und Rousseau bis zum Deutschen Idealismus unter Einschluß des Renegaten Marx nicht Gerechtigkeit, sondern Freiheit der systembildende Zentralbegriff. Im Sozialstaat aber verschieben sich die Gewichte. Vor diesem Hintergrund muß eine Rechtsphilosophie Furore machen, die – endlich – die Frage der Gerechtigkeit innerhalb einer liberalen politischen Ordnung thematisiert.

Die Rede ist in diesem dritten Teil daher von John Rawls' Theorie der Gerechtigkeit. Das Werk des Harvard-Philosophen *A Theory of Justice* von 1971, seit 1979 auch in 5 deutschen Auflagen erschienen, hat denn auch ein außerordentlich breites und starkes Echo gefunden[20]. Freilich rührt ein erheblicher Teil der Attraktivität schon von dem alteuropäischen Theorierahmen her, in dem sich die neue Gerechtigkeitslehre präsentiert. Rawls (Jg. 1921) beansprucht nämlich, mit seinem Werk „die herkömmliche Theorie des Gesellschaftsvertrages von Locke, Rousseau und Kant zu verallgemeinern und auf eine höhere Abstraktionsstufe zu heben"[21]. Mit diesen Klassikern (aber frei von deren Zentralproblem der Herrschaftslegitimation) sucht der Autor einen „archimedischen Punkt", von dem aus eine allgemeingültige Ordnung des menschlichen Zusammenlebens entworfen werden kann. Dabei zeigt sich hier aufs neue, daß der Annahme eines (weniger im historischen als im logischen Sinne) ursprünglichen Ur- oder Naturzustandes eine viel größere Bedeutung zukommt als der Idee des die Grundlagen fixierenden Vertragsschlusses selbst, nach der die ganze Richtung ihren Namen des Neo-Kontraktualismus hat. Denn von der Definition des Urzustandes, der Verfassungswahlsituation als des Ausgangspunktes der ganzen Konstruktion *(original position)* hängt alles weitere ab: die genauere Bestimmung des zu bewältigenden Problems wie die Festlegung der Bedingungen seiner Lösung. Rawls nennt seine Lehre deswegen denn auch eine „Theorie der Gerechtigkeit als Fairneß", weil er die Grundsätze der Gerechtigkeit aus einer „fairen Ausgangssituation" heraus entwickelt (S. 28 f.). Danach haben wir uns also vorzustellen, „daß diejenigen, die sich zu gesellschaftlicher Zusammenarbeit vereinigen wollen, in einem gemeinsamen Akt die Grundsätze wählen, nach denen Grundrechte und -pflichten und die Verteilung der gesellschaftlichen Güter bestimmt werden. Die Menschen sollen im voraus entscheiden, wie sie ihre Ansprüche gegeneinander regeln wollen und wie die Gründungsurkunde ihrer Gesellschaft aussehen soll". Offenkundig genügt es nun nicht, dieses „im voraus" bloß negativ als Abwesenheit jedweder Vorgaben zu denken. Denn dann wäre nicht zu sehen, wer hier welche Entscheidung worüber nach wel-

---

[20] Vgl. z. B. *O. Höffe* (Hg.), Über John Rawls' Theorie der Gerechtigkeit, 1977.
[21] *J. Rawls,* Eine Theorie der Gerechtigkeit, übers. v. H. Vetter, 5. Aufl. 1990, S. 12, 27 f.

chen Kriterien treffen und wie es überhaupt zu einer Übereinkunft kommen könnte. Folglich setzt Rawls seine Überlegungen mit ersten inhaltlichen Festlegungen fort: „Die Entscheidung, die *vernünftige* Menschen in dieser theoretischen Situation der *Freiheit* und *Gleichheit* treffen würden, bestimmt die Grundsätze der Gerechtigkeit." Die hier postulierte Vernunft meint jedoch nicht irgendein angeborenes Prinzipienwissen, sondern die ökonomische Rationalität umsichtig ihre individuellen Interessen verfolgender Egoisten. Zusammen mit der Voraussetzung gleicher Freiheit aller ergibt das die Prämisse autonomer Individuen, die unbeschadet ihrer Divergenzen alle die gesellschaftliche Zusammenarbeit wollen, weil sie für jeden einzelnen vorteilhaft ist, und die über die Grundordnung nach eben diesem Rationalitätskriterium entscheiden. Um Verzerrungen der Prinzipienwahl durch Neid auszuschließen und die Fixierung auf strikt egalitäre, gesellschaftliche Ungleichheiten von vornherein negierende Prinzipien zu vermeiden, nimmt Rawls weiter an, die Individuen seien nur auf den eigenen Vorteil aus, aneinander aber desinteressiert. Doch reichen diese Unterstellungen noch nicht hin, die Unterschiedlichkeit der Individualinteressen so weit zu neutralisieren, daß ein einstimmiger Schluß möglich und unfaire Lösungen von vornherein ausgeschlossen erscheinen. Folglich postuliert Rawls mit Hilfe einer Theorie des Guten, daß die Wahl sich zunächst auf sog. Primär- oder Grundgüter *(primary goods)* richte, „von denen man annimmt, daß sie ein vernünftiger Mensch haben möchte … es wird angenommen, daß es Verschiedenes gibt, von dem er lieber mehr als weniger haben möchte. Wer mehr davon hat, kann sich allgemein mehr Erfolg bei der Ausführung seiner Absichten versprechen, welcher Art sie auch sein mögen. Die wichtigsten Arten der gesellschaftlichen Grundgüter sind Rechte, Freiheiten und Chancen sowie Einkommen und Vermögen" (S. 112). – Um „gesellschaftliche" Güter handelt es sich dabei, weil sie von den Grundregeln der Verfassung einer Gesellschaft abhängen. Damit entfällt das Problem des Vergleichs der individuell sehr verschieden erstrebten Vorteile, das alle Theorien haben, die mit dem Kriterium des größeren gesellschaftlichen Nutzens arbeiten und daher „utilitaristisch" genannt werden. Gleichzeitig scheint unter dieser Voraussetzung eine einstimmige Übereinkunft möglich, die so definierte Ausgangsposition zudem allen Anhängern des freiheitlichen Verfassungsstaates angemessen. Um bei der Wahl der Ordnungsprinzipien allgemein akzeptable und in diesem Sinne faire Lösungen zu garantieren, muß schließlich unterstellt werden, daß die „Grundsätze der Gerechtigkeit" hinter einem „Schleier des Nichtwissens" *(veil of ignorance)* gewählt werden, der alle persönlichen Eigenschaften der Abstimmenden verbirgt (S. 159 ff.). In der Tat: Wenn jemand grundlegende Ordnungsprinzipien auszuwählen hat, über sich selbst aber nichts weiß und deswegen nicht zu erkennen vermag, welche Grundsätze für ihn vorteilhaft sein könnten, muß er seine Entscheidung notgedrungen nach allgemeinen

Gesichtspunkten treffen. Folglich wird dann selbst der kälteste Zweck-
rationalist und größte Egoist zwangsläufig eine gemeinwohlorientierte und
in diesem Sinne moralische Entscheidung treffen.

Am Ende faßt die Definition des Ausgangszustandes mithin alle jene Bedingungen zusammen, welche die Wahl gerechter Prinzipien garantieren.
Diese konsenstheoretisch entscheidenden Bedingungen sind zwar nicht
willkürlich angenommen, aber auch nicht durch eine Vertragskonstruktion
gewonnen. Vielmehr handelt es sich offenbar um eine philosophische Interpretation zeitgenössischer Gerechtigkeitsvorstellungen. Rawls selbst hat
hervorgehoben, daß in seinem Begriff des Urzustandes „die Gesamtheit der
Bedingungen zusammengefaßt (wird), die man bei angemessener Überle-
gung für unser Verhalten gegeneinander als vernünftig anzuerkennen bereit
ist" (S. 637). Wenn das aber so ist – warum sollte sich die Reflexion dann
nicht ohne kontraktualistischen Umweg auf die bei dem fingierten Vertrag
vorausgesetzte Basis unserer moralischen Überzeugungen konzentrieren?

Wie kommt man also von unserer Alltagsmoral zu philosophischen Prinzipien? Die Antwort ist: in einem rückgekoppelten Läuterungsprozeß. Zunächst müssen wir unsere moralischen Alltagsurteile nach allgemeinen
Rationalitätskriterien von allen Vorurteilen, unvernünftigen und emotio-
nalen Verzerrungen reinigen. Aus diesem Material und insbesondere aus
den darin enthaltenen oder darin untergründig zum Vorschein kommenden
formalen Grundauffassungen des alltäglichen Gerechtigkeitsverständnisses
sind die normativen Prinzipien abzuleiten. Mit deren Hilfe müssen die
wohlerwogenen Urteile unserer Alltagsmoral schließlich – in einer Art von
Gegenstromverfahren wechselseitiger Kontrolle und Korrektur, wie es der
Jurist aus dem Planungsrecht kennt – in einen widerspruchsfreien Zu-
sammenhang gebracht werden („Kohärenztheorie"). Das Ziel der philosophischen Begründung moralischer Prinzipien, wie sie den Urzustand defi-
nieren, ist nach Rawls bei einem Zustand der Angleichung erreicht, in dem
einerseits die normative Theorie den *common sense* ordnet und diszipliniert
und umgekehrt die Alltagsmoral die normative Theorie als Explikation
ihrer Grundanschauungen akzeptiert. Rawls bezeichnet diesen Punkt (S. 68
ff.) als „reflektives" oder „Überlegungs-Gleichgewicht" (*reflective equili-
brium*).

Herauskommen dabei zwei Gerechtigkeitsgrundsätze und zwei Vor-
rangregeln (81 ff., 104, 336 f.). Das erste Gerechtigkeitsprinzip lautet:

> „Jedermann hat gleiches Recht auf das umfangreichste Gesamtsystem gleicher Grund-
> freiheiten, das für alle möglich ist."

Der zweite Grundsatz der Gerechtigkeit besagt:

> „Soziale und wirtschaftliche Ungleichheiten sind so zu regeln, daß sie sowohl (a) den
> am wenigsten Begünstigten die bestmöglichen Aussichten bringen als auch (b) mit Äm-
> tern und Positionen verbunden sind, die allen gemäß der fairen Chancengleichheit offen
> stehen."

Die erste Vorrangregel statuiert den Vorrang der Freiheit: Danach können Grundfreiheiten – ganz kantisch gedacht – nur um der Freiheit und
nicht um irgendwelcher kollektiver Zwecke willen eingeschränkt werden,
vorausgesetzt: (a) die Einschränkung der Freiheit stärkt das Gesamtsystem
der Freiheiten für alle; und (b) die Einschränkung ist für die Betroffenen an-
nehmbar.

Komplizierter ist die zweite Vorrangregel. Sie besagt, daß der zweite Ge-
rechtigkeitsgrundsatz über die Rechtfertigung von Ungleichheiten aus der
Perspektive der am wenigsten Begünstigten sowohl dem Grundsatz der
Belohnung von Leistung wie dem utilitaristischen Gesichtspunkt der Er-
höhung des Gesamtnutzens vorgeht. Ferner ist danach speziell die faire
Chancengleichheit sogar dem möglichen allgemeinen Nutzen der Un-
gleichheit auch für den Benachteiligten derart vorgeordnet, daß eine Chan-
cen-Ungleichheit die Chancen der Benachteiligten verbessern muß.

Insgesamt ist das der explizite Versuch, die Ideale der Französischen
Revolution „Freiheit, Gleichheit, Brüderlichkeit" theoretisch einzulösen
(S. 126 ff.). Gegenüber dem Liberalismus Locke'scher Prägung liegt mit der
Betonung gleicher Rechte und fairer Chancengleichheit der Akzent hier
deutlich stärker auf dem Gleichheitsgrundsatz. Dem korrespondiert die
theoretische Ausarbeitung des ansonsten vernachlässigten Gedankens der
Brüderlichkeit durch die normative Fixierung des Gesichtspunkts der so-
zial am schlechtesten Gestellten.

IV.

Rückblickend zeigen sich danach zwei Grundmuster zur Lösung der
Frage, wie die Geltung von Ordnungsprinzipien argumentativ ausgewiesen
werden kann, und zwar nicht bloß auf eine formal-juristische Weise und
auch nicht nur im Sinne sozialer Wirksamkeit. Die eine Richtung setzt auf
bestimmte liberaldemokratische Inhalte und vertraut – kurz gesagt – auf die
philosophische Begründbarkeit der Menschenrechte[22]. Die andere legt den
Akzent etwas stärker auf formale Kriterien, nämlich auf ein faires Verfahren
und auf Konsens. Damit ist allerdings nicht irgendeine faktische Überein-
stimmung gemeint, sondern eine unter bestimmten Bedingungen ver-
nunftnotwendige Übereinkunft. Auf dieser zweiten Linie gibt es allerdings
noch einen konsequenter prozeduralen Versuch. Danach wird das sachliche
Problem zur ebenso reinen wie prinzipiell endlosen Verfahrensfrage, indem
man es der kommunikativen Vernunft eines immer wieder gegen die eigenen Ergebnisse kritisch sich erneuernden Diskurses überantwortet.

---

[22] Zu diesem Problem *Hofmann* (N 4), S. 25 ff.

Damit sind wir nun zum Schluß bei der Diskursethik, wie sie Karl-Otto Apel und Jürgen Habermas entwickelt haben[23].

Philosophischer Ausgangspunkt ist die Ethik Kants. Da das Leben in der modernen Gesellschaft von einer Vielzahl verschiedenartiger und einander widerstreitender Wertvorstellungen geprägt ist, schafft es die Philosophie nicht mehr, inhaltlich bestimmte Grundsätze als maßgebliche Normen auszuzeichnen. Sie vermag für alle moralisch-praktischen Zweifels- und Konfliktfälle nur noch ein Prüfungs- und Lösungsverfahren als Norm aufzustellen. Damit dieses Verfahren seinerseits moralischen Ansprüchen genügt, muß die wechselseitige Achtung aller als freier und gleicher, moralisch handlungsfähiger Personen zu dessen Voraussetzung gemacht werden. Kant hat dafür den kategorischen Imperativ entwickelt, der die Auswahl der Handlungsmaxime nach den Kriterien der Verallgemeinerungsfähigkeit und des Respekts vor der Selbstzweckhaftigkeit aller Menschen steuert[24]. Dabei stellt Kant im Vertrauen auf die praktische Vernunft des autonomen Individuums jedes Subjekt auf sich alleine: „Handle so, daß du ...". Demgegenüber meinen die Diskurstheoretiker, diese Prüfung von moralischer Geltung nach dem Universalisierbarkeitskriterium müsse als eine Diskussion zwischen allen potentiell Betroffenen aufgefaßt werden. Aus der normsetzenden praktischen, d. h. handlungsbestimmenden Vernunft des Einzelnen wird so die sich vergemeinschaftende, die sog. „kommunikative" Vernunft, die zwar keine inhaltlich bestimmten Handlungsanweisungen hervorbringt, aber die Orientierung an Geltungsansprüchen ermöglicht, indem sie zu einer Verständigung über deren Rationalität führt. Für die Möglichkeit eines solchen Konsenses sind gewisse Idealisierungen der Gesprächssituation erforderlich – nicht *vor* allen, sondern *gegen* alle Erfahrungen. „Ein Kranz unvermeidlicher Idealisierungen" – von denen es die Herrschaftsfreiheit des Diskurses zu einer gewissen Schlagwortberühmtheit gebracht hat – „bildet die kontrafaktische Grundlage einer faktischen Verständigungspraxis, die sich kritisch gegen ihre eigenen Resultate richten, sich selbst *transzendieren* kann"[25]. Wie bei Rawls liegt die Richtigkeitsgewähr für den Konsens in den Voraussetzungen der Verständigung, hier also darin, daß alle potentiell Betroffenen in gleicher Weise die Chance einer ungezwungenen Stellungnahme in einem Gespräch haben, in dem sie sich wechselseitig Autonomie und Wahrhaf-

---

[23] Grundlegend *K.-O. Apel*, Transformation der Philosophie, Bd. II, 1973, S. 155 ff.; dazu *W. Kuhlmann* u. *D. Böhler* (Hg.), Kommunikation und Reflexion, 1982, sowie *J. Habermas*, Moralbewußtsein und kommunikatives Handeln, 1983, S. 53 ff.

[24] Vgl. die drei Formeln des kategorischen Imperativs im Zweiten Abschnitt der Grundlegung zur Metaphysik der Sitten, in: Akademie-Ausgabe der Werke Kants, Bd. IV, S. 406 ff.

[25] Zusammenfassend jetzt *J. Habermas*, Faktizität und Geltung, 1992, S. 17 ff. (18).

tigkeit unterstellen, den gebrauchten Ausdrücken identische Bedeutungen zuschreiben, sich vorbehaltlos einlassen, die Bereitschaft zeigen, Konsequenzen des Konsenses zu tragen usw. Dabei sucht diese Diskurstheorie dem „intellektualistischen Fehlschluß" von der Einhaltung gewisser Regeln des Vernunftgebrauchs auf absolut geltende moralische Normen[26] durch das Postulat infiniter Erneuerung des Diskurses samt dem Zugeständnis zu entgehen, daß solche Rationalität allein als „schwache Motivation" noch keine Normativität im Sinne verbindlicher Handlungsorientierung erzeugt. Von den kontraktuellen Konsenstheorien unterscheidet sich die Habermas'sche Variante v. a. durch die äußerste Konsequenz des Verfahrensgedankens, ohne jede inhaltliche Verfestigung in Regeln wie dadurch, daß sie – die nur von moralischen Subjekten handelt – nicht mit einer Ausgangssituation natürlicher Gleichheit der Lebensverhältnisse operiert. Konkret folgt daraus, daß eine moralische Norm dann gültig ist, wenn der Diskurs erweist, „daß die Folgen und Nebenwirkungen, die sich jeweils aus ihrer *allgemeinen* Befolgung für die Befriedigung der Interessen eines *jeden* einzelnen (voraussichtlich) ergeben, von *allen* Betroffenen akzeptiert (und den Auswirkungen der bekannten alternativen Regelungsmöglichkeiten vorgezogen) werden können".[27]

Wie die zuerst 1992 unter dem Titel „Faktizität und Geltung" erschienene Rechtsphilosophie von Habermas zeigt, läßt sich diese Diskursethik nun freilich nicht umstandslos in eine Diskurstheorie des Rechts übersetzen. Zwar ist es noch verhältnismäßig einfach, die notwendigen Idealisierungen der Grundlagen des ethischen Gesprächs für die rechtliche Verständigungspraxis in der normativen Voraussetzung des Verfassungsstaates wiederzufinden, nämlich in der Garantie grundlegender Rechte des einzelnen. Doch wäre es offenkundig schon wenig sinnvoll, den Geltungsanspruch von Rechtsnormen in eine aktuelle zwangsgestützte Behauptung („Faktizität") und die sachlich, zeitlich und prozedural offene Möglichkeit der diskursiven Begründung ihres Inhalts („Geltung") auseinanderzunehmen. Soll das aber nicht geschehen, soll m. a. W. der Zwangs- und Entscheidungscharakter des Rechts in die Rechtfertigung einbezogen werden, dann verlagert sich der Schwerpunkt des Problems zwangsläufig auf die in je bestimmter Weise verfaßten Rechtsnormerzeugungs- und die Rechtsnormanwendungsprozesse. Sie aber bestehen mindestens zu einem erheblichen Teil in formalisierten und institutionalisierten, zudem auch repräsentativen Verhandlungs-, Kompromiß- und Entscheidungsprozeduren. Sie alle in eine ideale Theorie des vernünftigen Diskurses einzufangen, erscheint um so schwieriger, als der faktische Verständigungsprozeß

---

[26] Dazu *K. Seelmann*, Rechtsphilosophie, 1994, S. 167 f.
[27] *Habermas* (N 23), S. 75 f. Die folg. Zit. im Text aus „Faktizität und Geltung" nach der 1. Ausg. v. 1992.

zu allem Überfluß weithin von der Macht der verschiedenen Interessenverbände beherrscht wird. Letztlich kann es sich also nur um „die Rekonstruktion jenes Geflechts meinungsbildender und entscheidungsvorbereitender Diskurse" handeln, „in das die rechtsförmig ausgeübte demokratische Herrschaft eingebettet ist" (S. 19). Der Kategorie des Rechts wird damit kommunikationstheoretisch die zentrale Rolle eingeräumt (S. 21). In der Sache geht es demzufolge dann um durchaus Bekanntes, nämlich v. a. um die Verschränkung von soziologischer Rechts- und philosophischer Richtigkeitstheorie, um die diskurstheoretische Rekonstruktion des normativen Gehalts der Grundrechte und der Rechtsstaatsidee und um das Modell deliberativer Politik im Pluralismus von Verbandsmächten. Kurz: Habermas versucht „in Anknüpfung an vernunftrechtliche Fragestellungen" zu zeigen, „wie sich das alte Versprechen einer rechtlichen Selbstorganisation freier und gleicher Bürger unter Bedingungen komplexer Gesellschaften auf neue Weise begreifen läßt" (S. 22). Der Eindruck des Innovativen mag im Einzelfall freilich unterschiedlich ausfallen.

Die Botschaft ist denn auch keineswegs so radikal, wie sie klingt. Sie lautet, daß „im Zeichen einer vollständig säkularisierten Politik der Rechtsstaat ohne radikale Demokratie nicht zu haben und nicht zu erhalten (sei)" (S. 13), und ist normativ gemeint: In einer restlos verweltlichten Gesellschaft genügt ein System rechtlich verbindlicher Entscheidungen dem Kriterium der Rationalität nur dann, wenn es sich nicht aus sich selbst, sondern aus der Kraft systemüberschreitender Kommunikationsprozesse regeneriert. Das ist indes nichts weiter als die kommunikationstheoretisch verflüssigte Volkssouveränitätsdoktrin (S. 209 ff., 600 ff.). Sie versteht die diskutierende politische Öffentlichkeit als „die impulsgebende Peripherie, die das politische Zentrum *einschließt*" (S. 533). In dessen Mittelpunkt wiederum liegt die durch Volkswahlen legitimierte und der Exekutive nach dem Gesetzmäßigkeitsprinzip grundsätzlich übergeordnete Gesetzgebung[28], die allerdings manche Bereiche der Entwicklung mit dem klassischen Mittel eines allgemeinen gesetzlichen Konditionalprogramms nicht mehr zu steuern vermag (S. 519 ff.). Die Rationalität des Systems rechtlich verbindlicher Entscheidungen aus der Kraft systemüberschreitender Kommunikationsprozesse zu erneuern, bedeutet demnach für die drei Staatsfunktionen unterschiedliche Formen der Einwirkung einer politisch aktiven Öffentlichkeit (S. 529 ff.). Im Bereich der Gesetzgebung erscheint der publizistische Einfluß nicht einfach als Faktum, sondern als Postulat – bei gleichzeitiger Forderung nach einer Konstitutionalisierung der Medienmacht i. S. einer vierten Gewalt: „Die Massenmedien müssen einen

---

[28] Nach seinem Ansatz hat *Habermas* S. 208 ff. folgerichtig nur Blick für die Rousseau'sche, nicht auch für die Montesquieu'sche Version der Gewaltenteilungsdoktrin. Zur Differenz *Hofmann* (N 4), S. 20 ff.

Handlungsspielraum gewinnen, der sie vom Zugriff politischer und anderer Funktionseliten unabhängig macht und instandsetzt, das diskursive Niveau der öffentlichen Meinungsbildung zu sichern, ohne die kommunikative Freiheit des stellungnehmenden Publikums zu beeinträchtigen." (S. 533) Daß daneben der Vorschlag zur Verankerung plebiszitärer Elemente in der Verfassung wiederkehrt, wird nicht überraschen. Primär wohl ebenfalls in diesen Kontext gehört auch die beifallswürdige Forderung nach Erhaltung der „Vermittlungsfunktion nicht-verstaatlichter politischer Parteien" (ebd.). Ob die Einführung basisdemokratischer Verfahren bei Kandidatenaufstellung und innerparteilicher Willensbildung dazu das richtige Mittel ist, mag freilich bezweifelt, und das Problem vielleicht eher in der von Habermas nicht thematisierten Parteienfinanzierung gesucht werden. Hinsichtlich der Verwaltung ist der Philosoph mit Recht vorsichtig und geht über den schon etwas angestaubten Vorschlag der Erprobung der Entscheidungsteilhabe von Betroffenen, die Bestellung von Ombudsleuten, gerichtsförmige Verfahren und Anhörungen nicht hinaus (S. 531). Was schließlich die Justiz anlangt, soll „die öffentlich mobilisierte Rechtskritik einer rechtsfortbildenden Justiz verschärfte Begründungspflichten (auferlegen)" (S. 533). Nun, dieses Postulat ist jüngst sehr eindrucksvoll gegen das Bundesverfassungsgericht von einer Seite gekehrt worden, bei der Nähe zu Habermas'schen Positionen bislang eher nicht zu vermuten war.

V.

Lassen Sie mich zum Schluß kommen und noch einmal Sophokles anführen, mit dessen *Antigone* wir begonnen hatten. In dem großen Chorlied über die ungeheuren Fähigkeiten des Menschen im Guten wie im Bösen beschwören die Alten das kommende Unheil mit folgenden Versen (367 ff.):

νόμους παρείρων χθονὸς
θεῶν τ̓ ἔνορκον δίκαν
ὑψίπολις·

Ich übersetze sie mir so:

Die Gesetze des Irdischen wahrend
Und zugleich der Götter heiliges Recht
Ist groß der Mensch im Staate.